中华中医昆仑

谢观学术评传

张镜源◎主编

中国盲文出版社

图书在版编目（CIP）数据

谢观学术评传（大字版）/ 张镜源主编. —北京：中国盲文出版社，2015.11
（中华中医昆仑）
ISBN 978-7-5002-6595-5

Ⅰ.①谢… Ⅱ.①张… Ⅲ.①谢观（1880～1950）—评传 Ⅳ.①K826.2

中国版本图书馆 CIP 数据核字（2015）第 282852 号

谢观学术评传

主　　编：张镜源
责任编辑：亢　森
出版发行：中国盲文出版社
社　　址：北京市西城区太平街甲 6 号
邮政编码：100050
印　　刷：北京华联印刷有限公司
经　　销：新华书店
开　　本：700×1000　1/16
字　　数：42 千字
印　　张：6.25
版　　次：2015 年 12 月第 1 版　2015 年 12 月第 1 次印刷
书　　号：ISBN 978-7-5002-6595-5/K·356
定　　价：12.00 元
销售服务热线：（010）83190297　83190289　83190292

丛书编委会

前 言

中医药是中华民族的伟大创造，是世界医学宝库中的夺目瑰宝，数千年来为中华民族的繁衍昌盛作出了巨大的不可磨灭的贡献，至今仍是中国医药卫生事业不可分割的重要组成部分，在维护民族体魄康健、促进经济社会发展中发挥着不可替代的作用。

中医药学，是中华传统文化和科技文明的结晶，是勤劳聪慧的中华儿女在几千年生产生活实践中，在与疾病作斗争的过程中，创造的独具特色的医学科学体系。它有着浓郁的民族特色、深厚的文化底蕴和丰富的哲学内涵。经过一代又一代中医药传人、一辈又一辈名医大家的实践探索、薪火传承、总结完善、创新发展，逐步形成了系统的理论体系、独特的诊疗方法、丰富的医学内容、实用的制药技术。具有疗效确切、用药安全、应诊灵活、普适简廉和预防保健作用显著的巨大优势，在世界医学之林独树一帜，为人类的文明进步与医疗保健事业，已经并正在作出积极的贡献。

为了弘扬中华民族传统文化，彰显中医药学家的丰功伟绩，当代中医药发展研究中心与中国文学艺术界联合会、国家中医药管理局新闻办公室、中华中医药学会、中国中医科学院、北京中医药大学、世界中医药学会联合会等精诚合作，在国家中医药管理局的支持和指导下，为中华近现代百年来贡献卓著、深受敬仰的150位中医药学家，编撰出版了这部大型传记丛书。丛书采用评传体裁，记载他们的生平事迹、医术专长、学术思想、传承教育、医风医德、养生之道和突出贡献，使这些宝贵的医学成就和精神财富发扬光大，千古流芳。

丛书取名《中华中医昆仑》。昆仑山，被尊为“万山之祖”，柱西北而瞰东南，立中国而凭世界，凌驾乾坤，巍然屹立。以其高峻豪迈、绵延起伏的磅礴气势，寓意中华中医药学历史悠久、博大精深和永不衰竭；以其挺拔雄伟、高耸入云的恢弘气魄，彪炳一代中医药学家的丰功伟绩、杰出贡献和不朽勋业。

丛书入选传主，从全国范围推荐遴选，遍及中医药界各个领域。有临床家、理论家、药学家、教育家、医史文献学家；有名师亲授、世医家教、学派传人、院校毕业和自学成才者；有师徒并驾、父子齐名和伉俪联袂者。他们学术造诣深厚、诊疗技术精湛、临床经验丰富、学科地位崇高、科研成果丰硕、医风医德高尚、国内外影响较大，从医学理论到临床实践，为中医药事业的传承和发展作出了突出贡献，是近现代百年来中华中医药界的杰出代表。

丛书的出版，对于弘扬中华文化，振兴中医药事业，造就中医药人才，普及中医药知识，具有重要的现实意义和深远的历史意义。这是一项开创性工作，填补了我国为著名中医药学家大规模撰写传记的空白；也是一项抢救性工作，因入选传主已仙逝过半，许多亲历、亲见、亲闻的史料日见散逸，将之收集整理、编撰成书，功垂后世、利国利民；更是一项承前启后的工作，总结传主经验，传承中医药伟业，继往开来，光耀世界医学之林。这部医文结合，富蕴历史性、学术性、文学性和实用性的鸿篇巨制，对医疗、卫生、科研、教育及全球关注中华中医药文化的各界人士，都有重要的参考和阅读价值。

丛书的编撰出版，是一项巨大的中医药文

化建设工程，在策划、撰写、编辑、出版过程中，自始至终得到了国家有关领导、政府部门及社会各界人士的关心和支持。国家中医药管理局高度重视，并组织专家对全书进行终审；数百名专家、学者亲临指导，参与规划；有关省、市、自治区卫生厅、局、中医局（处）给予大力帮助；传主及其亲属、弟子热情支持、密切配合；撰稿人深情满怀、辛勤笔耕；编审专家尽心竭力、精工细琢；关爱中医药事业的企业家热心公益、慷慨资助；全体工作人员不辞辛劳、无私奉献，这一切使丛书得以顺利出版。对此，我们深表谢意。

由于时间紧迫和资料搜集困难，加之水平有限，难免有疏误之处，敬请广大读者批评指正。

中华中医药学，历史悠久，源远流长，发端于远古，奔向于未来。百年对于历史，不过是短暂的瞬间；百人对于万众，不过是沧海一粟。然本丛书所记载的百年百人，则无疑是波澜壮阔的中医药发展史上辉煌的篇章和光芒闪烁的璀璨星辰。

张镜源

目录

研究中医的学说，不必过于学古，也不必一味务新，总要酌古准今，方能合用。

——谢　观

谢观（1880—1950），字利恒，晚号澄斋老人，祖籍江苏省武进县孟河镇，著名中医教育家、临床家、医史文献学家及社会活动家，是中医近现代发展史上的一位领军人物。

20世纪初的上海，国体变革，租界强势，金融繁华，中医界亦随着东西方文化的交融碰撞而发生着深刻的变化。其显著的标志，就是造就了一批既保存自身传统特色，又具极大包容性、不断变化创新的海派中医。海派中医以其“开放兼容、吸纳新知、中西汇通、求新求变”的鲜明特征，在中医近现代史上独树一帜，谢观就是这个医家群体中的重要代表之一。他对中医的突出贡献主要包括五个方面：一是倡导中医教育改革，成为现代第一所政府备案的中医学校校长；二是全面整理中医古典文献，编写出现代第一部辞典类大型中医工具书——《中国医学大辞典》；三是回溯医学发展历程，首次系统勾勒出中医学术流派概况，出版医史学力作《中国医学源流论》；四是为保存中医国粹，以其卓越的组织才能，参与领导了“三一七”中医抗争运动；五是临床医术精湛，以善治温病、杂病见长，深谙“上工治未病”之旨，拯救患者无数。谢观以他博学的知识功底、出色的社会才干、众多的“率先”创举，在医界颇具声望。

谢观不仅医学成就卓著，文史地理亦造诣精深；不仅是新型教育的先驱，名校名师，桃李天下，同时又医儒相融，著作等身，撰述了医著及地理图书 30 余种；他不仅能够洞悉世事，综观全局，率众抗争废止旧医的恶潮，而且临床诊病亦辨证精确，用药得当，疗效颇佳。作为近现代医界耆宿，谢观集数家于一身，既是中医教育家、中医史学家、中医文献学家、中医临床家，又是一位出色的社会活动家。他对中医的贡献是开创性的，是中国近现代不可多得的医界通才。

江南才秀　医界耆宿

谢观，1880年出生于一个书香门第，世居江苏武进西北角的罗墅湾。这里是著名的“孟河医派”的诞生地。潺潺孟河之水流经罗墅湾，带来了孟河地区浓郁的人文气息，滋养和引领着谢观走上儒医的道路。

孟河，是南接京杭大运河、北达长江的通道之一。孟河镇所归属的常州，地处长江主干道并连接京杭大运河的优越地理位置，交通便利、经济繁荣，为常州文化的发展创造了绝好的条件。常州历史悠久，素有“三吴重镇、八邑名都”之称，曾以考中1546名进士而成为全国县级之最。清代以后，常州的“阳湖文派”、“常州词派”、“常州画派”，以及民国初年的

“孟河医派”均在全国独树一帜，誉满江南。古往今来，常州灿若星河的文人名士，均彰显着“事事为第一流”的常州精神。

浓郁的文化氛围，促进了医学的发展。在奔流的孟河、厚重的常州文化的滋养与熏陶下，一个响亮的名称——“孟河医派”走出了常州，走出了江南，走向了世界。孟河医派源远流长，最早可以上溯到明末清初的费尚有。费尚有(1572—1662)，字文明。55 岁时，为躲避太监魏忠贤的迫害，辞官还乡。他尊崇“不为良相，便为良医”的儒家思想，开创了孟河费氏的医学事业。之后费家世袭为医，至今已有 300 多年的历史。费氏第七代世孙费伯雄，是孟河医派费、马、巢、丁四大家中最早出名的一位。费伯雄（1800—1879)，字晋卿，号砚云子。他继承家学，先儒后医，以擅长治疗虚劳而驰誉江南。清道光年间（1821—1850)，两度应召入宫治病，由于治愈道光皇帝的失音及皇太后的肺痈而获赐匾额和联幅，被称为“活国手”。有《医醇賸义》、《医方论》、《费批医学心悟》等医书流传后世。稍晚，与费伯雄齐名的是马文植（1820—1903），字培之，以外科见长。马家子孙世代业医，有《证病十六则》传世，为外科证治之纲领。马文植随祖父临诊 16 年，精于内、外及喉科。曾为慈禧太后治病，疗效显著，被特赐“福”和“务存精要”匾额予以褒奖。其入宫诊病经过，马文植都一一记录于《纪恩录》中，并将木板印的《纪恩录》赠与丁甘仁、谢观等学生作为纪念。马文植为当时京城的三大名医之一，著有《外科传薪集》、《马批外科全生集》、《医略存真》、《青囊秘传》、《外科集腋》及医案行世。其学生众多，著名者有武进的丁甘仁与谢观、无锡的邓星伯、丹阳的贺季衡等。后来居上的巢氏和丁氏医家，与费、马齐肩，成为了孟河医派的四大支柱。巢崇山（1843—1909），名峻，擅长内外两科，善于用刀圭之术施于肠痈，并用内服汤药及秘制丸散膏丹促其消溃，多应验如神，传有《玉壶仙馆医案》、《千金珍秘方》等书。其后，有丁甘仁（1865—1926），名泽周，为孟河医派之集大成者，主张“伤寒”、“温病”本为一家，善内外妇儿诸科，尤以医治外感热病见长，著有《药性辑要》、《脉学辑要》、《喉痧症治概要》等。他将孟河医派发扬光大，为开创中医近现代教育作出了卓越贡献，与谢观同为20世纪上半叶上海中医界的领军人物。

孟河镇以儒从医者甚众，他们深受儒学的影响，国学功底深厚，以“仁爱”思想作为行医的根本。在治学中又尊崇“格物致知”，重视推理思辨，丰富厚积的儒学文化素养使得他们著作等身，在中医近代史上举足轻重。他们在治疗上各有所长，但崇尚“和而不同”之儒家思想，少有门派之见；同业之间时常相互切磋，阐发古典医籍之奥义，承袭诸子百家之学说。

这些交流互通都有力地促进了孟河医学的兴盛和发展。

清道光至同治年间，孟河医派经验成熟，名医云集，成为最鼎盛的时期，并一直延续到清末民初。当时，200 余户人家的孟河小镇，自南向北就有十几家中药铺，满街药香四溢，景色可观。府县志有载：“小小孟河镇江船如织，求医者络绎不绝”、“摇橹之声连绵数十里”，可见当时小镇的医事之盛。孟河医派也因此成为近代中医史上引人注目的一支流派，赢得“吴中名医甲天下，孟河名医冠吴中”的美名。

在繁荣鼎盛的同时，孟河医家又陆续向外发展，马文植晚年到苏州、无锡，巢崇山、费绳甫、丁甘仁迁上海，余景和去常熟，贺季衡赴丹阳，邓星伯走无锡，都有相当的发展，成为当地的名医或医学流派。孟河医派弟子众多，传承发展，散布到国内各地、港澳地区以及国外，可谓“孟河医派弟子遍天下”。

谢家是当地的名门望族，谢观的祖父谢葆初、伯祖谢兰生，均为当地著名的儒医。谢观的父亲谢钟英则是一位精于文史的地理学家，曾任湖南知县，官至清朝正五品奉政大夫。曾赴台湾整理台南盐务，政绩卓著。后又赴湖南再任知县，著有《补三国疆域志补注》二十卷，考证广博，畅销一时，还有文集杂著等若干卷。其行文洒脱，文锋雄辩，气势恢宏，慷慨激昂，对经史舆地之学问多有独到见解。清代修纂名家陈重威在为其撰写的墓志铭中这样评价他：“刻苦励学，尤好舆地家言……为文恢奇横厉，欲上追秦汉，不屑循宋元以来尺度。光绪戊子（1888 年）举于乡。入都与一时名人游，声称大起，益博涉经史百家，深究古今治乱兴亡之故，后宗姚江之学，谓能通其窍奥，毅然自信，奋欲有为于当世。”字里行间深透着对谢钟英的敬慕之情。谢钟英虽未从医，但受祖辈影响，亦爱好医学，收藏医书，尤其钟爱气功养生书籍，如《内外功节要》（后被收入谢观的《气功养生要诀》）等。父亲的博学、勤勉、睿智、超然，给谢观打下了深刻的烙印。

在家风的熏陶下，谢观深受孟河医派的影响，矢志岐黄之学，少时熟诵《黄帝内经》、《难经》、《伤寒论》及本草等医籍，为后来的悬壶济世打下坚实的理论基础。聪颖好学的谢观，在读医书的同时兼习儒学。谢钟英收藏有丰富的经史与地理学书籍，尤其以全国各省的地图为特色。谢观紧随在父亲身旁耳濡目染，孜孜不倦地阅读家藏书籍，12 岁时已读毕四书五经，并对古今山川形式、地理沿革了然于胸。在家庭浓郁的传统文化氛围的熏陶下，秉承家学医脉，使他奠定了后被称为旧学的传统文化的基础。

1895 年，年仅 15 岁的谢观开始独自外出求学。他进入了倡导改旧立新、传授近代科学文化知识的致用精舍（原龙城书院），如饥似渴地学习新知，考试每每名列前茅。

龙城书院，创建于明隆庆六年（1572 年），由常州知府施观民在原晋陵县衙旧址上创建，为常州著名书院，课程设置多是经史之学，本为应对科举考试而设立。清朝洪亮吉、黄仲则、李兆洛等人均从学于此。1896 年曾在清政府任翰林院庶吉士的刘树屏，深感“排偶声韵之学无补于国家图强”，毅然以改革旧学、提倡新学为职业，与地方教育界人士李正光等，将龙城书院改为常州致用精舍，以“经世致用”为旗帜，聘任著名数学家华世芳为山长（即校长）兼总教习。保留传统的经史之学，又开设实用性强的算学、舆地、时务、策论等课程，传授近代科技文化知识，常州的新式教育由此起步。谢观在这所常州近代知名的新式学堂里，接受了新式思想与近代文化的启蒙，传统文化底蕴与富有时代活力的新科学文化知识，在谢观身上巧妙地融合并发生了综合反应，练就了谢观对旧学新学均能驾轻就熟的才干，为今后担当重任奠定了坚实的基础。

其后，谢观又入读中国近代史上首屈一指的学府——苏州东吴大学。1901 年父亲于苏州去世，21 岁的谢观便肄业了。他带着家乡武进的旧学新知，带着对动荡变化时局的见识，来到广州开始了执教生涯。他先后在广州中学、两广优级师范教授地理，因其知识渊博又擅长演说，授课内容丰富且声情并茂，学生听之，往往如痴如醉，不久谢观便名噪华南。广州的陆军中学、广东政法、初级师范、陆军小学等诸多名校纷纷争相延聘，一时间谢观已成为广州地区闻名的地理教师。在谢观的影响下，其学生中日后多有栋梁之才，其弟子也不独秀于芬芳杏林，且多与谢观师徒情深。如民国海派名医陈存仁，在其撰写的《银元时代生活史》一书中，独辟“谢利恒师情回忆”专章；一代文化宗师胡适，重游上海澄衷母校时，专程探望德高望重的谢观老师。

谢观在广州任教多年之后，盛名之下，课务渐重，其母亲又对岭南之地水土不服，至1908年，谢观28岁时，辞去广东法政学院地理教职转赴上海，经常州老乡庄俞介绍，进入商务印书馆从事编辑工作。

在商务印书馆工作的同时，谢观还兼任上海澄衷蒙学堂校长，并亲自授课。谢观一上任，便显出教育家的风范，不但管理有方，且顺应潮流，推行新式教育，改良国文课本，使澄衷蒙学堂逐渐获得上海名校之声誉。

1911年，辛亥革命后，武进县长屠某力邀谢观回乡主持教育工作。谢观盛情难却，遂辞去上海商务印书馆及澄衷蒙学堂的职务，回家乡担任武进县公署学务科长。他悉心筹划，严于考绩，使全县教育事业飞速发展。两年间武进教育机构数量及质量均明显提高，其成绩在全国两千个县级单位中名列第二。谢观在教育管理上的名声被传至当时的大总统袁世凯耳中，袁召谢观入都，欲委任其为江苏省教育厅厅长。但谢观对袁世凯的帝王作风并不认同，不欲卷入政治漩涡，遂婉言辞谢。

1914 年，谢观 34 岁，从武进重返上海，再次进入商务印书馆，主持地理图书的编辑，亦参与辞典的编纂。商务印书馆陆续出版了《辞源》、《中国古今地名大辞典》、《中国人名大辞典》等大型工具书。这些辞典主要由编译所辞典部的常州人完成，尤以谢观与陆尔奎、臧励和、方毅这四位最为著名，被誉为民国初年文字改良运动中的“武进四杰”。当时，有学医者向商务印书馆建议编写一部中医的辞典，商务印书馆心仪谢观，于是谢观就开始了中国现代第一部综合性医学词典——《中国医学大辞典》的编纂，并历时 8 年完成。

在编写这部辞典期间，1917 年，谢观的武进同乡丁甘仁创立了“上海中医专门学校”。丁甘仁深知在当时的上海，于医学造诣、教育经验两方面，鲜有人能与谢观相媲美，故特地聘请谢观担任第一任校长。该校是经北洋政府备案批准成立的第一所中医院校，谢观为使中医薪火在艰难时势中得以延续，使开风气之先的中医现代教育得以光大，倾尽心血。他参与了该校早期机构建设、师资管理，精心筹划课程、编写教材，为上海中医专门学校以后的发展壮大创造了条件。谢观担任校长期间，不但主持校政，还亲自担任修身学、温病学两门课程的教学。修身课，他以“大医精诚”教育学生，提高医德修养；温病课，他不囿于书本知识，常常旁征博引数千言而不绝，开拓学生的思路和眼界。诸多学生对谢观深为叹服，纷纷拜在谢观门下，其中著名者如张赞臣、虞舜臣、尤学周、姚若琴、孙式庵等。

谢观不仅是中医教育家，也是中医临床家。

他自幼熟读中医经典，长年耕读医书不辍，早年即开始为亲朋好友诊治疾病。难得的是，虽出生世医之家，但从来虚心谦和，无论遇见儒医或草泽铃医，凡有一技之长，皆悉心请教，不耻下问，如此，逐渐积累了丰富的医学经验。退居“澄斋”后，终于有机会正式挂牌行医，求治者络绎不绝，其中许多病案最后汇集成《澄斋医案》。

1925年，上海神州医药总会拟创办中医大学，该校专为培养“研究高深学理”的高级中医人才而设，看重谢观在中医教育方面的声望，邀其出任校长，后学校由于时局不稳而中辍。当时上海中医团体甚多，彼此意见不一，难以应对复杂局势，为了团结中医界人士，共同维护中医界利益，1929年，谢观发起成立上海中医协会。其间正值南京国民政府卫生部第一届中央卫生委员会通过《废止旧医以扫除医事卫生之障碍案》，上海中医协会带头发表宣言，予以反对，并于当年3月17日召集全国医药团体代表开会，成立“全国医药团体联合会”。3月17日由此被定为“国医节”，谢观也被推举为主席及常务委员，作为首席代表入都请愿。在全国中医界的奋力抗争下，“废止中医案”最终被取消。同年秋，卫生署及教育部又颁布中医学校名称及管理药商规则，对中医药从业者有诸多限制。上海中医协会遂召集第二次全国医药团体代表大会，谢观再次被推举为主席暨常务委员，作为代表入都请愿，受到蒋介石礼遇，之前出台的所有限制也被命令撤销。谢观对于保存中医薪火、维护中医发展、培养中医人才作出了卓越贡献，在当时被视为“中医界领军人物”，确实实至名归。

1931年，上海中医协会改组为上海市国医公会，谢观仍担任常务主席暨监察主席。同年国民政府成立中央国医馆，谢观被委任为常务理事兼学术整理委员会委员。1933年上海市国医分馆成立，谢观被推举为常务董事，1935 年中央国医馆改选，谢观再度连任理事。后又担任上海市卫生局试验委员会主任。当时上海市卫生局对中医实行考试合格、登记注册的制度，考试共 7 次，谢观有 5 次都被推选为主考官，可见其当时在上海中医界地位之崇高。1936 年，谢观已 56 岁，年近花甲，多年忙于繁复医事，身心俱疲，遂于当年国医节后辞谢公务，退居“澄斋”，一边潜心学术，传授心得，一边行医济世。1937 年，抗战开始，战火纷飞，谢观便蜗居上海，谢绝一切社会事务，亦停止诊务，只与弟子秦伯未、陈存仁等一起组织参加“经社”文酒会，研讨学术，吟诗赏画，“经社”至 1948 年终止。

谢观一贯提掖后学，无论中医后生或门下弟子，凡有真知灼见的医著问世，即为之写序，或写跋，或题字。比如，审定陆渊雷校阅，徐衡之、姚若琴主编的《洄溪医案》，为徐衡之等主编的《清代名医医案大全》题字，为余无言的《伤寒论新义》作序等。谢观在其序言中念念不忘“中医之兴亡，匹夫与有责也”。

1950年6月，谢观病逝于上海帕克路梅福里寓所，享年70岁。谢观的逝世，乃中医界的重大损失。医界同仁纷纷撰挽联、著悼文，以表哀思。

谢观一生勤勉，著作等身，医学方面主要有《中国医学大辞典》、《中国医学源流论》流传于世，另有《中国医话》、《中国药话》、《澄斋医案》、《澄斋验方》、《澄斋杂著》、《澄斋年谱》、《谢利恒家用良方》、《夏秋卫生嘉言录》、《气功养生要诀》等，以及地理方面图书30余种。

教育先驱　文史双馨

谢观从教之路，起步于广州担任地理教员。其后，谢观历任上海澄衷蒙学堂校长、武进县督学、上海中医专门学校校长、神州中医大学校长，各界弟子众多，以桃李满园来形容，实不为过。无论是在澄衷蒙学堂主导教材改革、提倡新式教育、引领当时中学教育之新风，还是在第一所政府备案的中医学校——上海中医专门学校担任第一任校长，推动中医从延续千百年的子承父业、师传徒受的传统个体教育模式步入名师荟萃、同学济济的现代群体教育模式，抑或是 1946 年在南京织造署主持第一次大规模的全国中医考试，谢观始终以教育先驱的形象站在时代的潮头，影响着 20 世纪上半叶的中国教育。

其勇于开拓、敢为人先的创新精神，在其刊行于世的著作中也一一体现。诸如在商务印书馆期间为普及新知识而编写的新版地理教材，为保存大量中医文献而编纂的《中国医学大辞典》，乃至后来为明晰中医学术源流而编著的《中国医学源流论》，皆是所在领域开创性的佳作，对后世影响深远。

“澄衷蒙学堂”，1900 年由上海富商叶澄衷捐地数十亩，捐资 10 万两银元创立，是上海第一所由中国人创办的进行正规近代教育的学堂，1928 年改名为澄衷中小学。首任校长为著名教育家蔡元培，历代校长亦均为教育界名人，学校延聘之教师也须经严格选拔，全是海内名流，如画家、文学家丰子恺，书画家、篆刻家钱君匋，篆刻家杨千里，法律专家倪征燠等。名师出高徒，100 多年来，这所学校在为中国培养的 4 万多名学生中，不少是近现代著名的学者、科学家，比如胡适、竺可桢、秦瘦鸥等。谢观赴任澄衷蒙学堂校长时，学校经费之充裕为上海私立学校之冠，但因当时社会风潮迭起，学校管理不善，师生人心不定，教育质量日渐滑坡。学校董事樊时勋、陈海瑞、项如松等久仰谢观大名，遂特聘请谢观来校整理校风校纪。

谢观就任澄衷蒙学堂校长期间，澄衷蒙学堂无论校园风气、教学质量、学校口碑都大有提升，当时就读的学生因此受益匪浅，所以对谢观之师恩往往毕生难忘。胡适当时便就读于此，后来胡适成为新文化运动的领军人物，带头提倡白话文，与他在澄衷蒙学堂所受的教育、与谢观提倡的教材改革不无关系。陈存仁在《银元时代生活史》中记载了陪胡适拜访谢观的情形：陈存仁对胡适神往已久，在一次由亚东图书馆老板汪孟周安排的聚餐中结识了来沪小住的胡适，两人一见如故。胡适将童年往事与陈氏娓娓道来，其间最得意的就是考进澄衷蒙学堂连跳几级，曾经担任校长兼教员的谢观先生让他怀念不已，遂请陈存仁代为邀请谢观老师一聚。当日在大新街“松月楼”，谢观与胡适一见面，便忆起往事，话匣打开。谢观谈起澄衷蒙学堂对学生档案非常重视，历届毕业生的考卷都完整保存，胡适写过的九宫格大楷也不例外，在后来澄衷蒙学堂举办展览会时还被展出过。胡适也对给予他启蒙教育的澄衷蒙学堂引以为荣，说：“中国自有学校以来，第一部教科书，就是《澄衷学堂启蒙读本》，这一部读本在中国教育史上，有着历史性的价值。”确实，这部中国中小学教科书之启蒙读本，为当时中国诸多学校的教材蓝本。胡适又问谢观这套教材是否还能寻觅到，谢观说：“我本来有两部，一部在进商务编译所时，作为编著《共和国教科书》的参考材料，一部藏在家中，我可把家中这部送给你作纪念品。”谢观将收藏的唯一一部教科书送给胡适，可见他对这位学生青睐有加。胡适听了这话，也是意兴大发，连饮数杯，然后与陈存仁一起跟随谢观到他位于北浙江路火车站附近的寓所去取书。教科书是油光纸印的线装书，胡适摩挲良久，不胜感慨，幼年时读过的这部书，又勾起他对往事无限怀念。胡适受书之后，立刻请谢观取宣纸两张，连写两幅屏条，分别赠送谢观和陈存仁。谢观与学生之间情谊深厚，于此略见一斑。

在澄衷蒙学堂担任校长前后，谢观曾两次进入商务印书馆，先后参与商务印书馆的两大重头戏——中小学教材和大型工具书的出版，从编辑地理教材到编纂医学辞典，在商务印书馆的历史上留下了鲜亮的一笔，也成就了他从编辑工作者到医学家的转身。

商务印书馆创办于光绪二十三年（1897年），最初只是以印刷为主，承印很多教会书籍，后来开始编译《华英初阶》等英文读本及印刷商业簿册，生意一直不振。后来，参加过戊戌变法的张元济主持商务出版工作，并于1902年分设编译所。当时新教育刚开始盛行，在这种社会氛围中，筹办该所的张元济、蔡元培、蒋维乔、高凤谦、杜亚泉、庄俞等首创者彼此约定："吾辈当以扶助教育为己任"，决定出版教材以辅助教育普及，所以商务印书馆最初之出版物，主要为中小学教科书。清末废除科举制度，有志教育之士，积极兴办学校，但教材严重缺乏，难以适应客观需要。当时的小学课本无非两种：一是教会所编，廉价发行，目的在于推行宗教，不适合我国国情；二是书坊所售，大都脱胎于旧时学塾读物，不符合教育原理。张元济等人深感"需要有高水平的、从事教育的人来编高质量课本，才能辅助教育事业的发展"。而教科书编写人员，正是由庄俞为首的"常州帮"组成。最早参与教材编写的常州人只是庄俞和蒋维乔，随着二位对同乡的不断引荐，投入商务印书馆编写中小学教科书行列的常州人越来越多。1908～1918年，庄俞担任商务编译所的国文部长时，已基本上形成了茅盾在《商务印书馆编译所和革新〈小说月报〉的前后》这篇回忆文章中所述的那种“专编中小学教科书的人是清一色的‘常州帮’”的局面。据庄俞在《谈谈我馆编辑教科书的变迁》中介绍，参加这项工作的常州籍学者，除国文部、辞典部的骨干外，还有许指严、庄适、吕思勉、刘海粟、顾实、陈衡哲等等，谢观也是其中重要的一位。

1908～1911年期间，谢观在商务印书馆工作时，编写、审定了大量中小学地理教材。他认为当时的地理书籍，往往详于风景古迹，而缺乏地形、地质、气候、风俗、物产知识的介绍，失去了地理学真正的实用价值。所以他编写的地理书中，往往图文并茂，详尽介绍各地地质、气候等情况，非常实用。早期中国出版的教材常常参照日本教科书的体例，而商务印书馆1913年出版的、谢观亲自校订的《新体中国地理》序言中写道:"日本讲授本国地理，类以本国总论发端，若亚洲总论则列于世界地理之中。然吾国位于亚洲大陆，与日本不同。若不先明亚洲大势，则讲授本国地理扞格良多。故于地理学总论之后即续以亚洲总论，又次地方志。务使纲举目张，便于学者记忆。"他认识到中国与日本岛国地理之不同，中国与亚洲其他地区的密切联系，所以特地将亚洲地理放入本国地理的总论中，而不是像日本教科书那样置入世界地理中，由此培养了学生对于本国地理的全局观。谢观眼光之长远，于此可见一斑。

当时商务印书馆汇聚的一批常州籍学者，都学有专长，且德高望重，被馆里的同仁尊称为"阳湖耆宿"。在我国近代著名出版家张元济的亲自主持下，20世纪初的他们不仅在编辑中小学教科书方面起了"开出版界风气之先"的作用，而且对编纂《新字典》以及《辞源》、

《中国人名大辞典》、《中国古今地名大辞典》、《中国医学大辞典》等大型现代辞书，都有筚路蓝缕之功。

工具书与中小学教材一样，也是商务印书馆出版的重点之一。1906 年，鉴于《康熙字典》已不适应时代要求的实际情况，商务编译所在国文部、理化部、英文部之外，又专门成立了一个辞典部，聘请常州人陆尔奎（1862—1935）、方毅（1876—1940）担任正、副部长。陆、方等人先编了一本《新字典》面世，由于当时市场上只有这么一本新式字典，投石问路的《新字典》大受欢迎，销路很广。这一炮打响，为该馆以后的辞书编纂铺平了道路。接着，陆尔奎等又于 1908 年开始了我国近代第一部大型工具书——《辞源》的编纂。《辞源》在编写过程中不仅继承了我国原有的字书、类书的许多优点，还吸取了国外辞书的若干长处，用单字领头，下列语词，“内则搜罗诸子百家，外则采辑各种科学”，既收古汉语的词语，也录新名词。《辞源》在当时是一部推陈出新的辞书，在继承旧文化、传播新知识，以及新旧文化的沟通与交融上起了重要作用，在内容与体例上都成为后世辞书编写的楷模。它同《四部丛刊》、严复翻译的世界学术名著、林纾翻译的西方小说一道，在当时思想界、学术界、文艺界、教育界产生了巨大影响。

1914年，34岁的谢观从武进重返上海，再次进入商务印书馆，从国文部被调到辞典部，先后参加了《辞源》和《中国人名大辞典》等辞书的编纂，负责其中的医学、地理部分。因此，在《辞源》编著者的名录中，也可看到谢观名列其上。辞典的编写过程，漫长而艰苦，编著人员亦不免为此付出大量心血，甚至沉重代价。《辞源》编纂成功后，主编陆尔奎因积劳成疾而双目失明，从此回到常州老家疗养，直至逝世。

无论是编写新体教材以传播新文化，还是编写辞典传承旧文化，在新、旧学上均受过良好教育的谢观，始终深怀教育强国、知识富民的理想，始终秉承一个爱国知识分子的美好心愿，为继承、保存传统文化精粹，为传播先进文化理念、普及现代科学知识鞠躬尽瘁。

通过参与《辞源》的编写工作，谢观掌握了一套现代辞书的编写方法，也从《辞源》在社会上的巨大反响认识到大型工具书对学科发展的重要意义，因而编写一套中医药学工具书的想法开始在他心中萌发。随着参与社会事务的增多，对各界人士接触益多，出身医学世家、自幼饱读医书的谢观，深感千年流传医书之多，而有的深奥难明，有的偏执一端，这往往让初学中医者迷惘而不知所从；在当时西学东渐、西医逐渐占据主流的情况下，中医作为所谓“旧学之一种”饱受争议。作为旧学新学熟练驾驭者，谢观清醒地认识到保存中医精粹、总结中医经验的价值，他在《中国医学大辞典》序言中写道："自新学说之兴，而旧学逐为世所诟病，医亦其一事也……今日西医不能治之病，中医治之而效者，亦往往而有……以中国文化之盛，疆域之广，地形气候之殊，疾病种类之多，与夫相传治法，名医论说之众，其用物也弘矣！其取精也多矣……特是古今医籍，汗牛充栋，或奥质而难明，或讹夺而莫正。又论或囿于一地，识遂陷于一篇，或意求浩博，失之驳杂而不纯；或思惊虚玄，遂至茫昧而难解……兼览若涉大海，茫无津涯，偏主则墨守一家……"导致"承学虽多，通才卒少，而医不昌之大原也。"意即中医诞生于地广物博之中国，是中国人积累数千年的临床经验之精华，有其独到价值，但惜于现存历代中医书籍中的种种弊端，使中医虽从学者甚多，然大家通才甚少，这是导致影响中医发展的最重要原因。谢观认为，"举要删繁，莫如辞典"，所以决定编纂一部中医学的辞典。在担任上海中医专门学校校长期间，率领中医弟子，历时8年著成《中国医学大辞典》。该书于1921年7月完成初稿，是中国第一部辞典类大型医学工具书。为编纂此书，商务印书馆给谢观配备了12位辅助工作人员，其中两人中途积劳而殁，四人患瘿，可见其工作量之大，历程之艰辛。该书集古今医学文献3000余种，包括散落在日本、朝鲜的医书，谢观均对其进行了“条分缕析，博采兼搜”的整理。体例以辞目首字笔画多少及部首为序进行编排，分病名、药名、方名、身体、医家、医书、医学7大类，完成约7万余条目，350余万字。该书在广征博引的基础上，注重追本溯源，择优汰劣，删繁就简，摒弃一切空谈阔论，力求内容丰富，注释全面，引文客观，达到纲举目张、“如集名家于一堂”的效果。该辞典于1949年前即再版3次，1949年后直至近几年，被再版重印30余次，发行数十万部，经久不衰，并被日本等国翻译、引进，可见海内外中医界对其学术价值的认可。该书使大量中医文献得以完善保存，对中医文献学的研究起到了承上启下的重要作用。同时，它“为研求中医者攀其纲领，为沟通西医者导彼先河”，被誉为“中医自立之标杆，中医走向世界之先驱”。

谢观的另一部代表作是《中国医学源流论》。在完成《中国医学大辞典》之后，为使中医后学者对源远流长的中医历史、对汗牛充栋的中医书籍、对纷繁复杂的学术流派有一了解，谢观历时10年，在澄斋中精研不辍，又完成了这一部中医史学佳作。开始著书之时，谢观已逾不惑之年。通过多年的积累和《中国医学大辞典》的编纂，他已全面掌握中国历代医学文献，熟悉古今各个流派学说，洞悉各位医家学术思想，而且亲历西医进入中国、对中医发生强烈冲击的种种事件，有着丰富的医事阅历。

因此，不但能够挈纲举要，梳理中医药学发展的源流，而且能够融会新旧，通达中西，对中医与西医、对经方派与时方派、对儒医与草医等问题皆能秉持客观中立的史学态度。该书至今对于我们进行中医史的研究，仍有重要启示。

其一，谢观认为，良医必须是通才。谢观本人有医界“通才”之称，而他在自己最知名的两部著作——《中国医学大辞典》和《中国医学源流论》中都反复强调，习医者，必须是通才，主张攻医者必须对历史、地理、生物、自然、社会等诸多学科皆有涉猎，方能通观明变，得医术之大全。在《中国医学源流论》一书中，处处可见其在各学科深厚的学识素养。如在《地方病》一章中，针对不同地域流派的医家互相攻讦的时弊，运用丰富的地理知识，追本溯源，由苏浙、川西、岭南、山陕等各处气候、地势、体质、水质之不同而推理出各地医家对于同一种病必然用药不同的结论，由此提出“地方病者，限于一方水土之病，而有一方治疗之法，不尽通行于各地者也”。

其二，谢观认为，中医学的发展与儒学、儒医关系密切。他运用史学、考证等学科方法，揭示出中医与儒学之间的相互关系。在古代，儒学为显学，左右着文化发展动态。他认为唐以前，从医者多为有一技之长的草泽铃医，以秘方、秘技行于世，而不通文义，罕有能著书论理者，对于中医理论也无甚发明、推动，甚至使古代一些奇术验方逐渐失传；宋以后，医学与儒学联系逐渐紧密，医学开始成为许多士大夫研究的一门学科，他们医儒兼通，思想活跃，好搜罗医书，善推理总结，创流派争鸣，使中医理论得以提高，中医医术日臻完备，学术思想逐渐繁荣。这是谢观之医史观的又一特点。他将这种观点，也推行到所开创的中医教育中，在对学生培养时，也非常注重儒家修身思想、传统文化的传承。

谢观最难能可贵之处，在于能以历史发展的眼光评述史实，以唯物辩证的思想看待纷争。这种眼光、思想与谢观的经历关系密切：由于他直接参与各项医事活动，亲历中西汇通思潮，领导中医抗争运动，开创中医院校教育，建立中医社团等活动，因而无论对中医、西医，或对中医各派、各家之得失均能中肯立论而不偏颇，从无偏激之辞；既提倡保存国粹，又积极吸纳新知，对许多正在发生、发展变化中的事物，亦显出史学家风度，冷静观察，疏导畅流。因此，秦伯未在为《中国医学源流论》所作序言中，对恩师如此概括："其立言也，不阿世，不立异，不掩同体之善，不忘异派之美，精微光大，兼而有之。"

谢观一生为中医事业鞠躬尽瘁。不但通过整理医史、编著辞典以保存中医国粹；亦能认识到中医之弊端，提倡改良中医，从而发展中医。谢观目睹西医之先进发达，感慨中医之固步自封，在《关于中医改良声中之四大问题》一文里，认为中医改良刻不容缓、势在必行。而“改良之问题，约分四项如下：第一，医校之提倡。要求中医之发达，必先陶铸中医之人才。必多设中医学校，使本正源清，而后有良好种子……第二，药品之改革。中药之弊端甚多，兹分三项述之如下：失真之弊、费时之弊、粗笨之弊。改良之法，宜仿照欧美，将国产原料药材，加以化验提纯，制成药水药粉，从根本上解决之。第三，国粹之发扬。我国绝技奇方，神妙不可思议，有非西医所能望其项背者，此项国粹，宜注重之，发扬之。一为针科。二为丸散。第四，西法之采取。医以愈病为主，不分门户。我国医药自来得自外国者颇多。今日西法精良，尤有可采之处，则取彼之长，补我之短……兹将应采之点，分为四项如下。一是诊断方面，如切脉表、听诊器……二是医学方面，如生理学、解剖学……三是治疗方面，如注射、导尿、灌肠之类。四是药物方面，如特效药……”

这些中医改良思想，正是几十年来中医改进的方向，在今天看来，对实现中医的现代化仍然有非常重要的指导意义。当时的谢观，眼光独到地认识到中医的这些问题和改良的方法，不但通过著书立论予以呼吁、宣传，也在教书育人的过程中予以贯彻实施。在教学计划、课程设置、教材选择等事宜中，他改良中医的思想得以体现，培养中医栋梁的理想得以实现。

在上海中医专门学校担任校长时，他主管教学事务，负责校规制订、课程设置、教材规划等，也担任修身与温病两门课程的讲师。最初的学制定为五年，包括预科二年、本科三年；第七届学生入学后，学制变为四年。预科主要学习“医学上普通之知识（中医理论知识），以宏造就”，本科主要学习“医学上之专门知识（临床各科），以期大成”。他与丁甘仁等学校创办者，提出学校的教育方针为昌明绝学，保存国粹，融会中西。因此，教学过程中，既重医学知识的传授，又重医德医风的培养。课程设置中，既有中医经典著作，也有现代西医知识。谢观认为儒学基础、传统文化对中医学习至关重要。因此，学校开学典礼的第一项，便是谢观带领全体老师、学生向孔子画像鞠躬行礼。在预科班的课程设置中，有普通基础课（包括国文课、修身课、体操课等）和专业基础课（包括生理学、病理学、药物学、诊查学等）。其中国文课，除讲解《古文观止》，还教练书法，如楷书、草书。谢观亲自教授的修身课，专门挑选先贤、儒士的至理名言，让学生诵读，以陶冶情操，培养高尚医德。体操课，教授健身操及武术等，以强身健体。生理学、病理学，则既有中医的器官骨骸、脏腑体用，又有西医的解剖、生理卫生、病理知识。两年预科阶段的教材，一改过去纯以一本经典著作为范本的方式，改由任课教师根据授课内容自行编写。谢观在《关于中医改良声中之四大问题》中提出，中医学校所选教材，“宜从旧医经中，严格选择，删繁就简，务实去虚，兼采最新学说，另编成有系统有价值之纯粹中医教科书”。这便是他对各科教师编写教材的要求。第三年本科时，学生已有一定中医学基础，开始学习中医临床各科知识，包括内科（伤寒、温病、杂病）、妇科、外科、眼科、喉科等；另有针灸、骨伤二科为选修课，让学生根据能力、兴趣自行选学。本科阶段的教材，大多选自明清医家的著作，如陈修园的《伤寒论浅注》、《金匮要略注》，吴又可的《温疫论》，王孟英的《温热经纬》，以及妇科的《傅青主女科》、眼科的《龙木论》、喉科的《重楼玉钥》等，皆是谢观在《中国医学源流论》中大为推崇的各科教材。

过去中医一直沿袭父传子、师授徒的个体作坊培养模式。学徒入门拜师，没有年限设置，没有教学计划，教材也不过是师傅指定的中医著作。学生熟读背诵之后，师傅认为学业已成，徒弟就可以离开师门，自立门户。第一所政府备案的中医学校——上海中医专门学校的成立，使中医在教学方法、教学内容、教学制度上都有了规章可循，在教学方法、教材体例上都有了重大改进。它标志着中医教育从此走上规模化、系统化、有序化之路，也成为近现代中医教育事业的起点。

上海中医专门学校所取得的成功，中医教育在艰难时局下所取得的成绩，离不开丁甘仁、谢观等中医教育家的倾力付出，其中，谢观作为第一任校长，居功至伟。

谢观受聘于上海中医专门学校，得益于他与丁甘仁的同乡之谊，更应归功于他的德才兼备、学验俱丰。丁甘仁在物色师资力量的时候，费尽心思。作为中医学校的教师，既要临床经验丰富，又要有高深的医学理论水平，还必须有出色的口头表达能力、文字写作能力。这样的全才在当时的中医界并不多见。而丁甘仁的家乡武进，儒医盛行，在孟河医派的影响下，更是名医涌现。因此，丁甘仁依据心中的标准，主要在他的乡邻亲友中挑选师资人员。谢观无疑是丁甘仁武进同乡中最出色的师资人选：他不但出身中医世家，中医基础深厚，临床经验丰富，而且学识渊博，眼界开阔；作为教师，他对中医流派、历代经典了如指掌，且擅长演讲，能够由博返约、深入浅出地讲授深奥的中医理论、纷繁的各家学说；作为校长，他具有教学管理、教材改革之经验，善于高瞻远瞩，统领全局，洞察先机，与时俱进。可以说，谢观被选为首任校长，实在是众望所归。

在中医学校执教时，许多学生对谢观的风度、学识仰慕不已。如陈存仁回忆："丁公为沪上名医，校务由谢师主持之。谢师以校长而亲任教授，第一学期授余修身课，故得耳提面命，亲受训诲。第二学期起，所讲为温病。其讲辞于课本之外，旁征曲引，往往数千言不绝。洋洋洒洒，如长川之奔流，如大江之横波，无不详为指点。其语调具层次而有弹性，娓娓道出，听者动容……故吾人对谢师之印象较深。是时谢师年四十许，已美髯飘拂胸次。风度冲淡文雅，蔼然可观。求之同道，无可与匹。而一经接触，即觉如坐春风，使人温馨而感甜美。”

执掌上海中医专门学校多年后，谢观因教育观念与学校中某些陈旧迂腐之教师不合，而渐生退意；又值神州医药总会欲创办中医大学，盛情邀请谢观赴任，谢观乃辞去中医专门学校校长之职，由神州医药总会聘任，于闸北创立神州中医大学。张赞臣、叶伯良等学生因与谢观情深难舍，亦追随而去，转到中医大学继续学业。谢观对中医专门学校弟子，始终爱惜有加，学生每有所求，必慷慨助之。如商务印书馆向谢观约稿，编著《中国药学大辞典》时，谢观已然名声远扬，完全可以年迈体衰为由谢绝了之，但谢观一贯提携后生，不但向商务印书馆大力推荐爱徒陈存仁，鼓励当时资历尚浅、犹豫不决的陈存仁接手，而且提供给他私藏医药书籍千余种，其中颇多绝版书籍。在陈存仁编写、改写过程中，谢观亦不断给予提点、指导，书成之后，又特作跋语予以嘉勉，让陈存仁感激不尽。该书出版后，远销海内外，被翻译成多国文字，成为中国中医药物学里程碑式的著作，陈存仁更是名声大噪，医务生涯由此步入更高境界。再如谢观与张赞臣父亲张伯熙为世交，对张赞臣一向颇多期许。张创办《医界春秋》杂志时，谢观即在其中任董事，在资金、文稿上倾力相助。在盛心如的《实用方剂学》完稿时，谢观亦热情为之作序，称赞他为薛文元“第一得意门生”，在上海中医专门学校就读时，即见识过人，“老师宿儒，亦为之心焉折服”，后来在上海中国医学院任教时，讲解独到，“是以门下弟子，对于先生所授之各种讲义，靡不珍如拱璧”。对弟子一番爱护之情，溢于言表。在“澄斋”门诊时，每遇疑难杂症，谢观必为身边学生剖析病情，详解症结之所在，指点病机之关键，教导识病辨证之法，常使学生茅塞顿开，日久则医术精进。

谢观平生厌恶交际，诸多宴席，常推辞不就，但偏喜与众爱徒相聚闲聊，研讨学术之余，欣赏诗画文物，逸兴横飞。在抗战后期，谢观闭门已久，无聊之中，由陈存仁、秦伯未发起成立“经社”，一月一度。“经”者，常也，即定期、恒久之结社。茗酒谈笑之中，挥毫作画，即兴为文，传统文化气息浓厚。与会人员皆为谢观学生一辈，既有弟子如严苍山、程门雪、章次公、虞舜臣、余鸿孙、张赞臣等，也有世交后辈丁济华、丁济民、钱今阳等，有时也邀请医界名流徐小圃、叶熙春、方慎盦、吴子深等与会，更添兴致。谢观虽居于师长地位，但极少师长之威严，每次筵残酒酣，便豪气大发，神采飞扬，妙语连珠，满座皆乐。比如某次盛赞经社命名之妙，谓每次会期，在规定之日举行者，则曰经期正也。提前数日而举行者，则曰超前。延后数日而举行者，则曰落后。与会诸位也各展所能，以吟诗作画最多。经社中，秦伯未、程门雪、严苍山、盛心如、章次公、张赞臣、余鸿孙、陈存仁 8 位的诗词、书法、绘画最佳，被称为“经社八才子”。经社不到一年，已辑成书画 3 册。谢观所留墨宝不多，其笔画简练朴实，字体端庄饱满，恰如其人。经社一直延续到 1948 年，积累书画文稿多卷传世，其中以程门雪之梅花、严苍山之鱼虾图最为人称道。经社既是谢观与沪上青年中医联谊的场合，也是中医两代人一起享受中国传统文化的机会。这种定期的聚会，既加深了大家彼此的情谊，也加深了他们对传统文化、对中医的感情，坚定了他们对中医矢志不渝的信念。

陈存仁曾于1945年仿照《朱子家训》写下一篇《医家座右铭》，文采斐然，文意精妙，以至医家争相传抄，颇有洛阳纸贵之势。其文如下："医乃仁术，良相同功。立志当坚，宅心宜厚。纵有内外妇幼之别，各尽神圣工巧之能。学无常师，择善而事；卷开有益，博览为佳。必读昔贤之书，俾免离经而叛道；参考近人之说，亦使温故而知新。及其成功，尤贵经验；再加修养，方享令名。临证非难，难于变化；处方应慎，慎则周详。认清寒热阴阳，分辨表里虚实。诊察务求精到，举止切戒轻浮。毋炫己之长，勿攻人之短。心欲细而胆欲大，志欲圆而行欲方。逢危急不可因循，竭智挽回以尽天职；遇贫贱不可傲慢，量力施助以减愁怀。聆病者之呻吟，常如己饥己溺；操大权于掌握，时凛我杀我生。三指回春，十全称上。倘能守此，庶几近焉。"这篇铭文凝聚了精诚的为医之道、习医之法、从医之术。陈存仁以此文示谢观，深得谢观赞许，沪上众医亦纷纷向陈存仁索字。陈不善小楷，所以请老师谢观代为书写，各地医生闻风求字者竟有600余，谢观足足写了5个月方偿清文债，谢观的真迹也因此被许多老中医收藏。

经社诸子中，以张赞臣、陈存仁、秦伯未、盛心如等与谢观感情最为深厚，1950年谢观去世后，这些弟子纷纷撰文以表哀思之情。其中张赞臣挽联云："从游卅载，随吾师领导医林，端仗中流支砥柱。相距一周，与先父逍遥泉下，休言近事更沧桑。"概括了与谢观一起度过的30年中医岁月。盛心如有《谢利恒姻兄传书后》言："何况中原争秦鹿，谁与领导撑地轴。我为天下苍生哭！"高度概括了谢观作为中医领军人物的一生。秦伯未则填词《蝶恋花》以祭谢利恒先生兼怀同门诸子，词曰："满院杏花谁作主？恼煞东风，依旧红如许！心事白头无可语，兀教俯仰伤今古。散尽当年诸伴侣。贯酒评茶，没个闲情绪。回首清游江上路，春波千叠斜阳暮。”陈存仁在听闻谢观去世噩耗后专门撰写《谢利恒师情回忆》以纪念数十年的师徒情谊，并直谓“上为医药界恸，而下则哭吾私也”!

率众维权　抵制废医

随着西方列强的入侵，西方文明、现代科技，包括西方医学也逐渐进入中国。西医在某些疾病，如感染性疾病上的特效被民众认可后，以生理学、病理学、解剖学等学科为特征的西医学亦被纳入新式教育体制。西医医院、西医学校、西医从业人数很快发展起来，这对传统中医形成极大的冲击和挑战。到 20 世纪 20 年代，西医的医疗、教育体系基本形成，西医逐渐融入主流，地位日趋上升，成为与中医相抗衡的力量。中、西医的冲突也进一步加剧，最后在一些留学归来、盲目崇外的人士的鼓吹下，酿成中医界人尽皆知的“废止旧医案”，使中医险些遭受灭顶之灾。

当时的“废止中医案”轰动一时。这件事可追溯到1928年，汪精卫四处演说日本明治维新，而其中第一件事即是废止汉医。1929年2月23日，在当时南京国民政府行政院院长汪精卫的授意下，新组建的中央卫生委员会在南京召开第一届会议，由国民党中央执行委员褚民谊主持，其他被邀委员为中央医院院长、各省卫生署署长及各市卫生局局长、各省各市医院及医学院的院长，共120人，全部为西医，会议为期3天，通过了留学日本的医生余云岫（余岩）提出的议案——《废止旧医以扫除医事卫生之障碍案》。

这个议案，是要逐渐淘汰中医。为避免遭致全国反对，他们仔细谋划，对限制现有中医提出六项具体办法：

（一）施行旧医登记，给予执照方能营业，登记限期为一年。

（二）限五年为期训练旧医，训练终结后给

予证书，无此项证书者停止营业。

（三）至一九二九年为止，旧医满五十岁以上、在国内营业二十年以上者，可免受补充教育，给予特种营业执照，但不准诊治法定传染病及发给死亡诊断书等。此项特种营业执照有效期为十五年，期满则不能使用。

（四）禁止登报介绍旧医。

（五）检查新闻杂志，禁止非科学医学宣传。

（六）禁止成立旧医学校。

这个议案，表面看似为已经挂牌的老中医保留了后路，其实用心险恶——意在使老中医以为自身利益不受影响，从而放弃抗争；而青年中医尚不成气候，无力抗争，从而达到使中医后继无人、逐渐消亡的目的。

2月26日，上海《新闻报》首先披露此事。一时间，舆论哗然，各界纷纷发表文章、电报予以抨击，认为中医中药关系国计民生，万不可偏废。而当时中医散居全国各地，并无统一组织，也无社团联系，所以该提案提出伊始，中医界皆懵懵然，不知所从，唯有大发牢骚，指责国民政府举措失当。

当时沪上杰出青年中医张赞臣听到消息后，立即与陈存仁联系。陈存仁询问张赞臣父亲态度如何，张父张伯熙先生与谢观同为武进旅沪四杰之一（另两位为丁甘仁、恽铁樵），对此事态度竟是淡然，以张赞臣之言："家父年事已老，连这个医案都看不明白，认为已开业的仍能开业，也就算了。"陈存仁与张赞臣相约讨论半晌之后，认为老一代中医都习惯于安分守己、不问世事，难以出面领导抗争，所以抗争维权的实际工作，只能由年轻一代中医承担，借助老中医的社会关系与声望作为号召。

策略既定，两位自然约请恩师谢观来商议。谢观一入座，便道："我们老一辈的还不受影响，你们年纪尚轻，对此做何打算？"二人便将准备发动群体力量、召集全国中医举行抗争的计划娓娓道来。谢观一听，大加赞赏，又根据自己的丰富阅历，在中医团体的召集方法、发往外地的电报措辞等诸多细节上给予详尽指点，从而使上海医界联合抗议大会、全国中医抗议大会得以先后顺利召开。谢观深谋远虑，临危不乱，指挥若定，于此事显露无遗。

在上海的谢观、丁仲英、张赞臣、陈存仁等人的精心筹备下，上海中医药界首先向废医提案发难。张赞臣与陈存仁反应迅速，一面以医界春秋社的名义通电全国，向全国呼吁，争取医界与舆论的广泛支持，一面发电报向中央卫生部力争。

当时，上海有 3 个中医团体，正酝酿着组织成统一的协会，但尚未正式成立。为了团结一致，争取抗争胜利，谢观提议尽快召集上海的这 3 个团体开会，并尽早整理出全国中医团体名单、地址。会上紧急召集而来的上海代表经谢观提议，一致同意联合组成“上海中医协会”，并以这个协会的名义向全国中医团体或中医代表发出“快邮代电”。所谓“快邮代电”，实际上就是快信。这种信，比平信多贴五分邮票。邮局不放在普通邮包里，都是赶快车（小站不停）送递，优先发出、优先送达。这种方式，比平信快速，比电报便宜。快邮代电的原稿，由陈存仁执笔起草，激昂之情，跃然纸上，又经谢观润色，更加活泼生动。

上海中医协会便由此成为这场抗争的上海中心组织（“三一七”抗争胜利后，改称国医公会，抗日战争胜利后，改称中医师公会），协会的会务主持由丁仲英、谢观担任，秘书主任由陈存仁担任，另有薛文元、陆仲安、蒋文芳、张赞臣等近百名上海中医参与策划、行动。

随后，上海医界联合抗议大会在六马路仁济堂如期举行，与会的有上海神州医药总会、中华医药联合会、上海中医学会、上海医报公会等 37 个中医、中药界团体。会上代表纷纷慷慨致辞；之后，谢观演讲，将拟定的通电全文诵读，全场安静，肃静恭听。最后，谢观道出上海中医协会的决定——于 3 月 17 日，假座上海总商会举行全国代表大会，全场掌声雷动，经久不息。在这种热烈的气氛中，谢观顺势提出经费问题，获得在场人士积极响应。于是大家纷纷踊跃捐款，片刻便募集到 4000 多元。药业代表甚至表示随后另有集会，募捐款项也一并送来支持运动。正是通过这次上海医药界联合会议，鼓舞了大家斗争的士气，统一了上海中医、中药界的行动计划，也解决了各地代表来沪的食宿经费，为之后的全国医药团体代表大会作了良好的铺垫。谢观于会前的周密部署、会上的精彩演讲、会后的因势利导，为抗争运动的最后胜利奠定了良好基础。

继这次上海中医代表会议之后，“保存国医派”与“取缔国医派”在报上开展的笔战愈演愈烈，而抗争运动日渐白热化，各个地方的代表也陆续到达上海。到达当晚，谢观与丁仲英必会为之接风，共进晚餐，发表演说。3月17日，全国医药团体代表大会如期举行。全国15个行省和4个市、132个团体、262名代表（随从人员不计）云集上海。香港虽未能有代表出席，但香港中华医药会亦捐款赞助，以表同德同心。会场内悬挂巨幅对联一副，左为“提倡中医以防文化侵略”，右为“提倡中药以防经济侵略”，正中横幅为“全国医药团体代表大会”。与会者高呼口号“反对废止中医”，“中国医药万岁”，可谓群情激奋。大会开幕当天由谢观主持，6省代表分别致辞，然后宣布由各地代表拟就提案，第二、三天会议讨论。3天的会议中，各地代表抱着同仇敌忾之心，激动不已，各抒己见，献计献策。会议上，共提出提案100多件，其主要内容包括：

（一）发表宣言，否认废止旧医提案。

（二）组织“全国医药团体总联合会”，为团结全国中医药组织的永久性机构。

（三）组织请愿团赴南京，向国民党全国代表大会及政府和各有关部门请愿，要求撤销废止旧医的提案。

（四）国医学校应列入正规的学校教育系统并准予立案，在各省设立国医药学校、研究所、图书馆及药物陈列馆。

（五）确定3月17日为“国医节”，以纪念这次活动。

在至关重要的请愿团代表人选问题上，一开始有人提议各省分别派一代表。陆渊雷振臂一呼，提议代表们当场上台做5分钟讲话，意在考验代表是否具备相应能力。这一来，暴露出问题：许多省选出的代表，都是当地名医，医名虽著，年事已高，登台之后，张口结舌，并不适合赴都请愿。于是，大家一致认为代表选取，宜以才干作为标准，人数贵精不贵多。

会议当场推选代表，谢观作为沪上名医，不仅德高望重，而且美髯拂胸，神情飘逸，风度翩翩，让人折服，其学识渊博也早已为人传颂，通过这次会议，其口才亦已为众人见识，所以立刻被公推为请愿团的团长。随后，隋翰英、张梅庵、蒋文芳、陈存仁陆续当选，一共5人组成了代表团（另有张赞臣、岑志良二位志愿随团到南京作联络服务工作），赴南京向国民政府请愿。

请愿书拟有两份，一份题目是“呈为请求排除中国医药发展之障碍，以提高国际上文化地位事”，递交到国民党第三次代表大会及国民政府行政院、各部等。另一份主要是向卫生部请愿，题目是“呈为请求明令收回废止中医之议案，并于下届卫生委员会加入中医，以维国本，而定民心事”。

请愿团抵达南京后，前往国民党三中全会、中央党部、行政院等处递交请愿书，并分别拜会了谭延闿、于右任、戴季陶、焦易堂、李石曾、张静江、叶楚伧等国民党政要和元老，获得他们支持中医的承诺。其间，行政院院长谭延闿久闻谢观医名，邀其为之诊脉开方。次日各报都将方子全文刊登，生动地表明了谭延闿的支持态度，为这次中医抗争运动无形地造了势。之后，代表团得以谒见蒋介石，得到他亲口允诺："我对中医中药绝对拥护，你们放心好了。"

请愿团准备最后去卫生部拜访时，又有在卫生部任职的一位谢观的老病家，在代表团与卫生部之间穿针引线，邀请5位代表出席卫生部部长薛笃弼主持的晚宴。晚宴上，巧遇自中国西北考察归来的地理专家哈定博士，席间演讲其考察期间的发现。听罢演讲，诸多知名中医、西医，唯有谢观，应对从容，侃侃而谈，一扫"旧医"迂腐呆板的形象，使本来不甚了解中医的薛部长也对谢观这位老中医油然而生敬意。筵罢，薛部长诚恳地对代表们说："我当一天部长，决不容许这个提案获得实行。"在抗争事件结束后，薛笃弼还发出两份公函，聘请谢观与陈存仁为卫生部顾问，以加强中医界与卫生部的联系。

在代表团的周密安排、巧妙周旋下，这次抗争最后以取得国民政府上至蒋介石、下至卫生部的支持而获胜。取得的成果主要有：国民政府卫生部公开表示对中医无歧视，并表示：废止旧医的提案虽然通过但不会执行，中医今后改称为国医，同意成立"中医学社"，成立中央国医馆。

事后，张赞臣主办的《医界春秋》，于1929年4月10日出版了《中医药界奋斗号》的"号外"，记录抗争的详细经过，揭露提出废止中医口号一帮人的阴谋。事隔多年，《南汇医报》于1947年出版复刊号，专门请谢观撰文，回忆"三一七抗争运动"。文中简述抗争经过，写道:"医药两界，尤感主席之贤明，益自淬砺于改进，兼以中枢群彦之提倡，遂有中央国医馆之社，成立于20年（1931年）3月17日。又于各省市遍设分馆，以协同整理中国医药为职志，而定每年3月17日为国医纪念节，欣欣然，事业日隆矣。讵意东邻肆虐，烽烟遍地……胜利之后，医会医馆，渐复旧观，研究改良，百废待举，而利恒则老境日臻，不复能为医界服务，所望后之君子，继武前徽，发扬光大，以增我中华之健康，同跻于仁寿之域，则衰年遯听，亦预有荣焉。"谢观对中医事业的一片赤诚之心，对中医后辈无限期许之情，至今读来，让人感慨万千！

在这场艰难的中医药界抗争运动中，谢观将其非凡的领导能力，卓越的组织才干，出众的文采、口才，发挥得淋漓尽致，他为保存中医薪火所作出的突出贡献，无愧于近现代中医领军人物的称号！

博施济众　誉满杏林

谢观作为上海中医专门学校第一任校长、废医案抗争运动的领导者，广为人知的身份是中医教育家、社会活动家，流传甚广的两部著作——《中国医学大辞典》和《中国医学源流论》也奠定了他中医文献学家、中医史学家的地位。长久以来，谢观作为中医临床家的价值，被其他方面的光辉所笼罩，为人们所忽略。其实，谢观在临床方面别具特色，只是其《澄斋医案》与《澄斋医话》未公开结集出版，所以人们知之甚少。后人根据1931～1932年在《现代国医》上发表的《澄斋医案》连载，以及1934～1935年在《光华医药杂志》上发表的《澄斋医话》连载，以及《气功养生要诀》、《家用良方》、《夏秋卫生嘉言录》等资料，整理出谢观的临床辨治心得，以期部分还原谢观的医疗特色。

谢观自幼诵读医书，熟稔经方，长年积累，即使后来初入社会时并非以医为业，也未有懈怠。早年教书时，谢观即开始为乡里亲朋诊治疾病，屡获奇效。难得的是，谢观虽出身医学世家，但谦逊好学，无论所遇是儒医、世医或者草泽铃医，凡有一技之长，或能让其略有所得，他都会虚心求教，将他人经验悉数收纳。长此以往，自然收获甚丰。在他的《家用良方》、《夏秋卫生嘉言录》中，都载有许多民间实用的治法、方药，这些应该说都是谢观吸取的民间智慧，与他多年的积累密不可分。

中年以后，谢观开始收徒，门人弟子，远及日韩。贤达之辈，如张赞臣、陈存仁、盛心如等。他与众弟子一边门诊，一边讨论，临证之功，日益精深。

一、临证特色

谢观出生于江南世儒之家，一生广闻博见，阅历丰富。年轻时已胸有万卷，足行千里，熟知各处风土人情；年长方定居上海，以医为业，纵横医界数十年。在临床上，他尤其注重不同地域、不同气候、不同职业等对人体体质、病情的影响，审查病因独具慧眼。

其一，三因制宜。谢观认为中医特色即在于能因时、因地、因人制宜，这也是中医胜于西医之处。如《中国医学源流论·地方病》中写道："吾国南北各省，类此者甚多，医者贵于因地制宜，不可执一。若以己所不知或不习者相攻讦，宁非自扰，而昧者更欲仿西医办法，倡议方药统一政策，则更偵矣。"在给中国医学院学生作演讲时，他也要同学认识到中医的这一优越性："西医的诊断处方根据生理之观察，千篇一律。治法亦为划一无二。中医则反是，如中风一证有久暂之别，贫富之异，治法亦于是稍有分别……中医之所长者，西医之所短；西医之所长者，或许是中医之所短，未必在医药治疗上之变化，总以适合于各个人之体质、居处、性情等条件为原则，这还不是中医之长处吗？”所以在担任中央国医馆常务理事时，他在《现代国医》上发表《征集各地方案议》的文章中写道：“吾浏览各地方案，而知治病之难，非从各方面观察，不能收十全之效，更叹西医以一隅之见，欲统治全世界病之愚陋也。”他认为各地用药习惯不同，乃因各地气候、水土导致的病因、体质之不同造成，“禀赋不齐，增损即各别。所谓禀赋不齐者，或因风土，或因饮食，或因环境”，所以应当征集各个地方治疗地方病如热病、湿病的经验，分别整理、提取作为各地用药的标准，不能将各地处方用药标准硬性统一。他还在《中国医学源流论》中记录自己的经历，以资佐证。苏浙妇女，产后阴虚血少，应服平和清养之剂，切忌燥热收涩之品，否则必致肝阳上亢，酿成大病；而岭南妇女，产后必以醋熬生姜，与饭拌食，如此而体健少病。谢观在广州任教时，其妻生产，经广州友人劝告，也在产后如法炮制，连服生姜数十斤，结果不但无伤阴之弊，旧疾也随之并消，所以谢观也称奇。究其原因，他认为，广州地处热带，腠理疏松，而五岭山南坡泻下的东北江水，聚于广州，寒性未散，所以广州人以生姜温其内，以醋收其表，一温一收，既能祛寒，也能固气，产后服用能获脱胎换骨的效果。所以，他在《中国医学源流论·结论》中总结："人体有强弱老少，疾病有新久轻重，气候有寒燥暖湿，水土有刚柔缓急，此属于情形之变，则集药成方，因方配药，各随所宜，不可拘于一辙者也。"

在临诊中，谢观对病因、发病考察详细。他观察到，一些疾病因性别、年龄而产生明显差异。如郁证，年轻发病者以妇人多、男性少，而随着年岁渐增，男性发病逐渐增多。大约女子年轻时情感丰富，而男子年长后负担渐重。每遇一患者求诊，谢观必详问饮食、起居、职业、情绪等等，与病症合参，审病周详，屡获奇效。

其二，善治温病。谢观对于温病各家名著，皆有自己看法。他对叶天士、薛生白、吴鞠通、王孟英四人加以比较，认为吴鞠通之《温病条辨》为“论温热证有专书之始”。其三焦分治，层次井然，治法完备，可惜条目过于繁细，学者难以掌握。而叶天士、薛生白之说，经过王孟英之诠释，得以明白畅晓。谢观尤为推崇王孟英之《温热经纬》，认为该书融合古今各家学说，不囿于“伤寒”、“温病”之成见，切合临床、实用，称赞该书：“当时江浙医家治外感证之法，至此而集其大成矣。”谢观虽善治温病，但也非常重视《伤寒论》，认为读温热之书，而遗忘《伤寒论》，乃是舍本逐末。必须对中医书籍融会贯通，知常达变，方能在应对疾病时从容不迫。

他在治疗温病时，善用轻剂，承袭叶天士等推崇的“轻可去实”之法。温病初起，常用质轻味薄的花、叶、枝、茎，如菊花、连翘壳、桑叶、薄荷、牛蒡子、黑山栀皮、淡豆豉等辛凉疏散；热郁气分，则多用酒黄芩、黑山栀等清热泻火；热病伤阴，必以天花粉、芦根等顾护胃津；热病兼湿，常以赤猪苓、赤茯苓导湿下行。此外，暑湿在表，喜用鸡苏散（滑石、薄荷、甘草）；风性趋上，则以薄荷疏散；湿性趋下，则以淡渗利之。其用药，有江南一带温病医家用药轻灵的特点，但并不拘于成法，仍以临床所需为用。

其三，治时病注重湿邪。谢观久居上海，认为此地滨海，湿邪较重，疾病往往兼夹湿邪为患。湿邪之治疗，不为汗解，不为下解。在表者，芳香宣化，如藿香、佩兰、青蒿。在里者，辛燥健运，如厚朴、半夏、苍术；或淡渗利湿，如苡仁、泽泻、通草。江浙一带医家多善治湿病，而谢观功力之深厚，体现于遇见痰湿互结、湿热错杂等疑难重症时，亦能妙手解难。谢观认为湿与痰有密切关系，湿滞可化为浊饮，而浊饮又可聚为顽痰。所以痰饮必自湿邪，故化湿方中必须化痰，常用指迷茯苓丸、雪羹汤之类。指迷茯苓丸用半夏燥湿，茯苓渗湿，风硝（风化的芒硝）软坚，枳壳利气，既化饮又燥湿，在燥湿化痰中兼有通利，不但适应于痰湿流注经络肩臂酸痛之证，凡痰湿停滞不化者，亦均可使用。雪羹汤则以海蜇、荸荠取化痰热、散痰结的功效。

其四，治杂病注重脾胃。谢观临证善用东垣之法，治理内科杂病，重视脾胃调理。认为“脾胃为后天之本”，而就脾胃脏腑特点而言，“脾宜升则健，胃宜降则和。脾为阴土，宜刚宜燥；胃为阳土，宜柔宜润”。擅用宣化、醒脾、健脾、益气、理气、开胃、和胃、养胃等法。他推崇补中益气汤，但并不拘泥于东垣之法，主张详辨病情，不可滥用滋腻之品，宜以平和之药，调节脾胃功能，恢复升降之机。谢观常教导学生："如生化之源有继，自能立于不败之地，若徒事补益，而失于启迪，不是治疗的上策。"诸病治疗后期，往往加以健胃消食之品，如焦谷芽、炒秫米，以使生化有源。所以其用药往往看似平淡，实则蕴涵调理脾胃、恢复生机之深意。

其五，治女子注重调肝。谢观认为，女子诸病，属肝失条达者居多，因肝病而导致脾肾亦伤。所以治疗之法，勿忘调肝，肝气一平，诸症皆消。故治妇人之病，求之于肝，可收事半功倍之效。生理上，肝脏与胞宫通过经络相连，胞宫主行经和胎孕，以血为用，亦有赖于肝主藏血、主疏泄的功能。所以病理上，女子患病，往往责之于肝。谢观的观点，应该说是受到女子“以肝为先天”的影响。治肝之法，包括疏肝、清肝、平肝、养肝等等。但谢观最常用者乃疏肝、养肝，且二法相兼为用，因为肝郁气滞，最易化火伤阴。临床常用逍遥散，方内柴胡、白术疏肝健脾，白芍、当归养阴柔肝，一疏一养，相得益彰。此外，肝气郁结明显者还常配以佛手、绿萼梅等药，气郁化火者常配以左金丸。

以下附一病案，以说明谢观之临证特色。

[附案] 某女，初诊，多言则伤肺，饥时劳役则伤脾，肺脾气伤，胸腹交相作痛。与生脉合补中益气法。

西潞党 9g，炙黄芪 9g，甜冬术 9g，原麦冬 6g，北五味 1.5g，炙升麻 1g，清炙草 1.5g，川郁金 4.5g，白茯苓 9g，新会皮（陈皮）4.5g，川百合 12g，杭白芍 9g，旋覆花（包煎）4.5g。

此人设兑换肆于虹口吴淞路，当“一·二

八”期间，该处为日本人盘踞之区域。兑换进出，皆为日商。饥劳多言，且因内心之恐惧，缘得以上诸病状。迭经医疗，经过四月，用上方连服三月而愈，但经过五六日，又复发。

复诊作痛较轻，惊恐不已，有如人捕。脉右寸及左寸关细涩。斯证本因受惊骇而起，再与补养心营，兼调肺气之剂。处方如下：

熟杏仁 12g，朱茯神 12g，珍珠母 12g，淡远志 4.5g，白归身 9g，杭白芍 9g，天麦冬 9g，五味子 1.5g，清炙草 1.5g，炒萸肉 2.5g，左金丸 1.5g，炒冬术（包煎）9g，绿梅花 4.5g。

三诊上方连服 4 剂，惊惧已愈，但心下仍微作痛。按脉两寸沉细。此胆气渐复，而心营与肺气未和也。再为处方如下：

炙黄芪 12g，川百合 12g，旋覆花（包煎）8g，熟枣仁 12g，珍珠母 9g，麦门冬 9g，炙升麻 1.5g，五味子 1.5g，朱茯神 1.2g，杭白芍

9g，川郁金 4.5g，新会皮（陈皮）4.5g，良附丸（包煎）9g，开心果 9g。

上方连服至痊愈。此胸脘作痛之补法也。虽云痛无补法，因于虚者，所谓寒因之用是也。因时下体虚血少者为多，过用香燥之品，适以加病，此亦补偏救弊之一端。若拘执以概其余，则又过矣。

按：本医案中，谢观详细询问女患者生活、起居，知其为在日租界内与日商从事兑换业务的小贩，成日内心恐惧，而又饥劳交加，脾胃虚弱，肺气耗伤，导致胸腹作痛。看似实证，实则由虚而生。所以用益气养阴之生脉散合补中益气汤，加养阴柔肝、缓急止痛之白芍，养阴润肺、清心安神之百合。其后复发，全因患者生活、情绪未有改善而起，所以遣方以养心安神为主；惊惧去后，再辅以补肺益气、养心安神、疏肝柔肝之药收功。该案充分体现了谢观在诊病之时的独具匠心：一般痛证，医者常以芳香辛燥、理气止痛应对，而谢观详查病情之后，从虚论治，反获奇效，凸显他临诊注重三因制宜、顾护脾胃以及对女子注重调肝的特点。

二、注重养生

谢观虽然一生繁忙，但并未因此而形衰体惫，花甲之年仍鹤发童颜，步履轻健，神采奕奕，这应归功于他平素就注重养生。

谢观对《内经》中提倡的养生之道"饮食有节，起居有常，不妄作劳，故能形与神俱"深有体会。他的《家用良方》中第一篇就是《卫生类》，也即卫生保健方法。其中详列养性法、睡眠法、养体法、饮食法、避外邪法、衣服法、节欲法、保身法，在饮食起居各方面都有规章可循。他认为其中最重要的是养性——精神调摄。谢观在《卫生类》开篇第一句便写道："人有一团太和之气，则邪疠不能入；有一片诚敬之心，则物欲不能侵。明乎此理，可与言卫生。”之后，具体又说：“劳心过甚，及善怒多欲者，皆足以助火而伐命。是以宽宏恬静多享大年，性急躁者宜切戒之。”所以，他认为，保持平和的心境乃是长寿的第一要义。谢观一生广阅世事，历经沧桑，却一直保持心平气和、恬淡从容。陈存仁谓其“从游二十余年，未尝一日见愠怒之色”。涵养之深，让人钦佩。闲暇之时，谢观喜好欣赏书画或游览山水以怡情养性。

他曾对弟子谈起养生的重要性：“饮食睡眠，如能很好调节，则睡眠充沛，神清气爽；饮食有节，则脏腑宽舒。眠食安，则疾病少，清心寡欲，便可延年益寿，胜于药石之养生。”所以谢观虽在生活上克己俭约，但对饮食起居并非率性而为，反倒在饮食起居的诸多细节上相当细致。对于酒，喜对酌而少豪饮；对于烟，虽好吸而不常吸。对四季变更，他也自有一套应对的养生心法。对《内经》中的养生思想，他早已领悟，生活之中，形神共养，而以养神为先。

谢观父亲谢钟英喜好气功，家中藏有气功书籍。谢观受其影响，对中国传统的导引按跷颇有研究，毕生不断修炼，晚年尤甚，对中医历代流传的健身方法总结发挥成《气功养生要诀》一书。在这本书中，他除了校订父亲收藏的《内外功节要》，还结合自己的锻炼心得写就《服气养生辑要》、《晚年修持之导引摄生五大健康法》。其中涉及的导引之术，既有呼吸吐纳、调整鼻息，练气为主的静功；也有运动肢体、自我按摩，练形为主的动功。谢观晚年钟情黄老之学，对道家养生思想颇为认同。认为气功不止静坐，思想纯正、生活节制、清心寡欲也是气功养生之法。另外也重视运动健身，将古今各家学说中行之有效的锻炼方法总结改良，形成了一套动静结合的“导引摄生五大健康法”。

三、注重科普

谢观不但在中医药杂志上发表医案、医话，以飨同道，也撰写了不少家庭卫生科普性的文章，以普及医疗保健常识。比如他在《家庭医药》上发表的《婴儿保育法》，在《家庭医学杂志》上发表的《冬令煤毒验方》，在《上海医报》上发表的《处理急痧霍乱之方法》等等，都是这一类文章。除了在医药期刊上零散发表的保健常识，他还将日常适用的医疗常识整理成册，付梓刊行，指导民众保健，这方面的书籍主要有两本——《夏秋卫生嘉言录》和《家用良方》。

《夏秋卫生嘉言录》是为1936年私立澄衷中小学35周年校庆而特地准备的一本保健小册子，谢观在书前序言中说："吴粹伦校长，邀余到校演讲，满拟向诸生贡献卫生意见。"书虽小巧，却简洁实用，专门针对青少年生理、心理特点提出诸多建议。比如青少年好动，他告诫：

"盛夏奔驰后，不可饮冰。如因此而腹中痛泻者，则以温中丸解之，继服藿香正气丸和之。"女孩子追逐时尚，他就专辟一节《摩登妇女之伤身亟宜努力改良说》，提醒她们："今则旗袍无袖，短裤无管，裸四肢于外面，天暖尚属无忧，天寒时，轻则冻疮溃烂，重则成伤寒重症。"

《家用良方》则是一本居家必备的医药书。谢观搜集民间验方，参合自己诊病经验，介绍了居家备用良方100余条，分为卫生、内、外、妇、儿、救急六类。谢观虽然是一代名医，学识渊博，但认为医学知识理当惠及民众，假使医药书籍过于深奥，则不便于普通居家使用，所以写了这本《家用良方》。他在这本书的序言里说："然亦有道远而无从延医，事急而不及延医，又有轻病不妨自治，或预防在前可以无须延医者，苟有简易方法，可增无数便利。坊间之验方新编，取材既繁，非知医不能择用，药料多僻，非咄嗟所能立效。立法复多陈旧，近今流行之症，以及治病于无形之法，多付阙如。对于家庭备用，殊者未能完备。爰取平日所得各种方法，参以经病之经验，集为一册，付诸剞劂。”他的用心显而易见：有了这本书，即使不懂医药的人，也可以在病症紧急或日常保健中，为病人或自己取些简单易行的方法，解救苦难，所以书中多是养生保健和急救类的方法。书中介绍的方子，用药精当，易于准备。介绍的紧急救护法如救触电、救镪水伤、解煤毒、解磷毒、解迷闷药毒、戒纸烟、救落水、避火灾等新法，都是当时其他书中没有的。该书简单易行，切合实用，所以一经面世，便广受欢迎，自 1923 年刊行问世，先后修订再版多次。

谢观一生 70 年，历经中国 19 世纪末期至 20 世纪中叶的社会变迁，以洞察世事、见微知著的眼力入世，以宁静淡泊、超然物外的态度修身，以勤勉谦虚、求真务实的精神治学，在文史、舆地、医学等诸多领域颇有建树。作为地理专家，他曾是享誉华南的地理教师，参与商务印书馆地理教科书、工具书的编著，为地理知识在中国的普及作出重大贡献；作为教育家，他执掌澄衷蒙学堂，引导教材改良，编写的“启蒙读本”成为当时中国中小学教材的蓝本，由此促进新式教育在中国的推广；作为中医教育家，他是第一所政府备案的中医学校校长，培育杏林后人，成就中医栋梁；作为中医史学家，他首次系统追溯研究中医学术源流，编著出版了《中国医学源流论》；作为中医文献学家，他全面搜集整理中医历代文献，完成中国第一部辞典类大型医学工具书——《中国医学大辞典》，为保存中医文献作出巨大贡献；作为中医临床家，他继承江南温病学家经验，又能三因制宜，不拘成见，治疗温病、杂病、妇人病颇具特色，疗效卓著；作为社会活动家，他组织、领导“三一七”中医抗争运动，为保存中医薪火、延续中医生命居功至伟。他以多学科广博的学识素养赢得“医界通才”的美誉，以为中医界作出的多方面的非凡成就和贡献被推为中国近现代史上“中医界领军人物”。

谢观离世已有半个世纪，但他为中医作出的贡献，至今仍影响着当代中医的发展，他对中医前途的远见卓识至今仍令我们叹服。他为中医的生存、发展呕心沥血，为人谦和、低调，对后学亲切、爱护。谢观诸门生中，张赞臣因世交之故，跟随他时间最长，对他了解最深，文末谨以张赞臣所做的一首诗，作为对这位中医前辈的缅怀：

壶中小隐本通儒，仗履追随亦步趋。
往事愁从今日忆，茫茫元气倩谁扶？
力挽狂澜欲起衰，化风雨时系人思。
卅年海上留遗爱，宁仅医林失导师？
老看红杏满栽庐，门外长停问字车。
只恐斯文天丧尽，乱中时检旧藏书。

妙语能解一座倾，座间名士半门生。
品花酌酒寻常事，毕竟风流属老成。
偷闲喜逐少年游，白发萧疏意态悠。
犹忆夕阳归棹晚，一樽邀月酹江楼。
罗墅湾头水接天，芙蓉圩上树含烟。
伤心酒尽思亲泪，哭到师门倍黯然。

（撰稿人　陈沛沛　肖芸　毛梦飞）

《中华中医昆仑》丛书150位医家名录

（按生年排序）

张锡纯	丁甘仁	萧龙友	王朴诚	恽铁樵
曹炳章	冉雪峰	谢　观	施今墨	汪逢春
孔伯华	黄竹斋	吴佩衡	蒲辅周	陈邦贤
李翰卿	李斯炽	姚国美	陆渊雷	张泽生
时逸人	张梦侬	叶橘泉	王聘贤	陈慎吾
邹云翔	赵炳南	承淡安	余无言	刘惠民
岳美中	沈仲圭	秦伯未	赵锡武	韦文贵
程门雪	黄文东	赵心波	董廷瑶	吴考槃
章次公	石筱山	陆南山	张赞臣	李聪甫
刘绍武	陈存仁	朱仁康	陆瘦燕	姜春华
韩百灵	高仲山	李克绍	王鹏飞	刘春圃
金寿山	哈荔田	何世英	周凤梧	干祖望
关幼波	王为兰	任应秋	罗元恺	祝谌予
杨医亚	郭士魁	何时希	耿鉴庭	俞慎初

裘沛然	顾伯华	江育仁	邓铁涛	门纯德
刘渡舟	尚天裕	朱良春	李玉奇	程士德
尚志钧	赵绍琴	董建华	米伯让	李辅仁
张珍玉	班秀文	颜正华	于己百	颜德馨
路志正	方药中	王乐匋	黄星垣	谢海洲
余桂清	何　任	王子瑜	程莘农	陈彤云
焦树德	张作舟	张　琪	李寿山	张镜人
王绵之	方和谦	印会河	王玉川	蔡小荪
李振华	马继兴	王嘉麟	宋祚民	刘弼臣
王雪苔	刘志明	吴咸中	李今庸	任继学
裴学义	王宝恩	周霭祥	贺普仁	唐由之
赵冠英	许润三	金世元	陆广莘	刘柏龄
徐景藩	吉良晨	吴定寰	沈自尹	王孝涛
张灿玾	周仲瑛	强巴赤列	张代钊	李经纬
郭维淮	柴松岩	苏荣扎布	陈可冀	李济仁
夏桂成	郭子光	巴黑·玉素甫	张学文	陈介甫